PRaeSENS

Inge Glaser

Karfunkelflug

Gedichte

Mit Grafiken von Siegmund Lindner

PRAESENS VERLAG

Gedruckt mit Förderung durch

© 2023 Praesens Verlag | http://www.praesens.at
Cover-Bild und Illustrationen im Buch: © Siegmund Lindner
Foto der Autorin: © Tine Steiner
Cover-Gestaltung: © Praesens Verlag

Verlag und Druck: Praesens VerlagsgesmbH.
Printed in EU.

ISBN 978-3-7069-1180-1

Das Werk, einschließlich seiner Teile, ist urheberrechtlich geschützt. Jede Verwertung ist ohne Zustimmung des Verlages und der Autorin unzulässig. Dies gilt insbesondere für die elektronische oder sonstige Vervielfältigung, Übersetzung, Verbreitung und öffentliche Zugänglichmachung.

**Bibliografische Information
der Deutschen Nationalbibliothek**
Die Deutsche Nationalbibliothek verzeichnet diese Publikation in der Deutschen Nationalbibliografie; detaillierte bibliografische Daten sind im Internet über http://dnb.d-nb.de abrufbar.

1

Worte,
Tropfenfänger des Lichts
und
des Schattens,
das Dasein erhellend
oder umwölkt,
auch
das Schweigen
ist beredt –
nur
in der Stille
liegt das Verstummen
aller Wortlaute.

Lautlosigkeit
auszuhalten und sich
ihr hinzugeben,
soll sich lohnen ...

2

Wir sind nur Menschen
in allem,
ob wir stehen oder fallen,
lieben oder leiden,
oftmals laut und leise,
auch dumm
und manchmal weise,
ob wir lachen oder weinen,
und wenn wir meinen,
schon Engel auf Erden
zu sein,
spuckt uns der Teufel
in die Suppe hinein –
wir sollten doch
die Krone der Schöpfung sein?

Davon aber
sind wir weit entfernt,
doch der Mensch –
er lernt und lernt,
wenn man ihn zwingt,
und zuweilen gelingt
uns auch ein Wunder,
wenn auch bescheiden.

Manchen ist es Hürde,
auf der Welt zu sein –
Leben ist Fülle und Bürde
zugleich,
viele leben im Schattenreich
und wollen ans Licht,

nicht immer gelingt
das jedoch.

So bleibt nur zu hoffen,
dass der Himmel
für uns alle offen,
ob arm oder reich,
ob das Erdensein
als Daseinsfreude empfunden
oder als Lebenspein
und was sonst noch alles
uns geschah –
im Himmel wird alles zum Besten
und ganz wunderbar.

Blauer Planet

Du
Milchstraßenstern,
ummantelt vom
gestirnten Firmament,
drehst dich
um deine Endlichkeiten –
wie lange noch?
Er weiß es nicht,
und dennoch dreht
er sich weiter
in Schieflage
auf seinem Weg
um den Sonnenball,
dem er das Licht stiehlt
mit dem Mond,
der sein Gesicht wechselt
wie er seine Haut,
aus der er fahren möchte,
wenn ihm abhandengekommen
alles Gewächs und Getier
und wiederkehrt
in anderer Weise.
Und es brodelt in ihm,
er spuckt Feuer,
läuft blau an,
dreht sich weiter
und möchte durchdrehen,
seit der Mensch
das Sagen hat

und ihm dreinredet,
ihn bloßstellt
und er befürchten muss,
schon vorzeitig
und nicht erst
altersschwach
zu enden ...

4

Salisburgensis

Römersteine barsten unter Jupiters Sternen,
an ihren Orten geht nun der graue Kiesel um,
den Quantensprung von Jedermann aus Juvavum
verraten Rufe aus geborstenen Zisternen,

wo stille Wasser immer noch den Tonfall lernen,
da blieb der Fluss im Schmerze wilder Wehen stumm,
an seinen Ufern stieß ein Hirtenstab sich krumm,
und Funken sprangen aus verfallenen Kavernen.

Nun buckeln Kuppeln vor dem Schlag ins Angesicht.
Wenn auf dem Jungfernflug des Dompfaffs Stimme bricht,
hält Wort ein Segensspruch auf morschem Mosaik.

Bald bechern Burgherrn lauthals ihre Lieder,
auf den Basteien weiden Wappentiere wieder,
und Wunder springen aus Brunnen voll Musik.

Sperrstunde

Schafe zählen
die Ruhelosen,
dünnhäutig wachen sie
an der Schwelle zur Nacht –
sie haben nicht
in Drachenblut gebadet.

An ihren Augenlidern
lasten Kümmernisse
abgelebter Tage –
so schleppen mühsam
sie sich in den Schlaf,
der die Tore schließt.

Mondwechsel

Umflort entstiegen den Gezeiten,
tränt nach innen er aus allen Poren.

Geerdeten Sonnen zu Füßen,
mehrt die Sichel sich zur Scheibe.
Auf flüchtiger Bleibe
wächst sich keine Wurzel aus,
auch keine Runzel.

Im Lichtfall seiner Bahn
setzt welkend er wieder
zu neuer Blüte an.

Traumwelten

Jenseits des Mondes
gehen die Uhren anders,
aber, wer weiß das schon –
nicht der Hund,
wenn er ihn anbellt,
nicht der Musikus,
wenn er ihn besingt,
nur der Mann im Mond!

Auf Erden hat alles
einen Raum, seine Zeit
und einen Namen –
der Mann im Mond
hat nichts davon –
nur seine Träume,
er glaubt an sie,
und wenn es
Milchstraßensterne
regnet, lebt er sie auch …

Schmutzarbeit

In Sickergruben
gehen giftige Worte um –
man muss sich vorsehen,
nicht hereinzufallen auf sie –

zersetztes Sprachgut
zeugt Zündstoff
in stinkenden Kloaken.

Zeit, sie auszuräumen,
um Zuträgern
ihr Mundwerk zu legen,
ehe auch Seelenmüll
sich abzulagern droht ...

Tränenbäume

Müder Baum am Bach,
seine Blätter, dürr und schwach,
raunen nun einander zu,
doch fragen sie nicht den Baum:
Wann fällst auch du?

Es ist wohl nicht die Art von Bächen,
alte Bäume, die sie säumen,
noch zu schwächen und
vorzeitig aus dem Weg zu räumen,
auch wenn sie nicht um Gnade flehen.

Wenn aber die Zeit
an ihren Wurzeln sägt
sind Baum und Bach
sichtlich auch bewegt –
auch große Bäume können weinen
und Bäche tränend übergehen ...

Die Sichel im Kirschenbaum

Dein Name, Sichel? Und dein Begehr?
Halme sind dir gut genug nicht mehr,
in die du rauschend saust mit deinem Schnitt?
Im Kirschbaum zittert das Geäst,
die Kirschen hält es aber fest.

Die Sichel saust nun tief hernieder
und fährt dem Baum in alle Glieder,
schneidet tief die Rinde ein.
Dem Kirschbaum graust, da saust
sie auch auf die Kirschen nieder,
und sie fallen, fallen in rote Munde ...

Bäume kennen ihre Stunde,
wenn es Zeit ist, von der Frucht zu lassen,
so kann der Kirschbaum es kaum fassen,
denn dafür ist es wohl noch viel zu früh.

Die Sichel, heimgekehrt an ihren Ort,
leuchtet kirschrot erdwärts nun,
benommen noch von ihrer Tat,
die im Tiefschlaf sie begangen hat.

Erwacht aus bösem Traum und Schmerz,
blickt nun der Kirschbaum himmelwärts
und sieht den jungen Mond, der lacht
vom Himmel nun den Baum
und alle seine Kirschen an ...

11

Herr,

in meinem Himmel
ist die Hölle los,
nichts stimmt mehr
zusammen.
Das Firmament
steht hell in Flammen,
und es riecht
nach Pech und Schwefel.

Herr,
das geht nicht an!
Es blitzt und donnert fortan!
Wer wagt es, gegen
meinen Himmel aufzubegehren?
Hielt ich ihn nicht stets in Ehren!

Herr,
das kann nicht sein!
So wasche ihn doch
endlich wieder rein!
Ich möchte meinen Himmel
wieder haben –
einen, den i c h will!
Oder hast Du,

Herr,

da wieder Deine Hand im Spiel?

Ehrfurcht

Wolkenumtanzte
Bergwelt,
erhabene Gipfel stürmen
den Himmel,
ich bin inmitten,
kann nicht fassen,
was um mich ist,
nur staunen
und
niederknien
vor dem, der dies
erschaffen.

Deine Weinberge
von damals,
Herr,
sind nicht mehr
die von heute,
auch nicht die Leute,
als Du noch hier auf Erden.

Was soll
aus einer Lese werden,
wenn Erntehelfer fehlen –
es lässt sich leider
nicht verhehlen,
auch Du gerätst
mit der Zeit
in Vergessenheit,
und statt Dir
machen Götzen sich breit.

So wähnen
Deine Schafe
sich allein gelassen
und auf sich gestellt.
Verlassen irren blind
in Gassen
sie umher,
wo sich kein Hirt mehr
blicken lässt.
Wer tut sich
solche Mühe heut noch an?

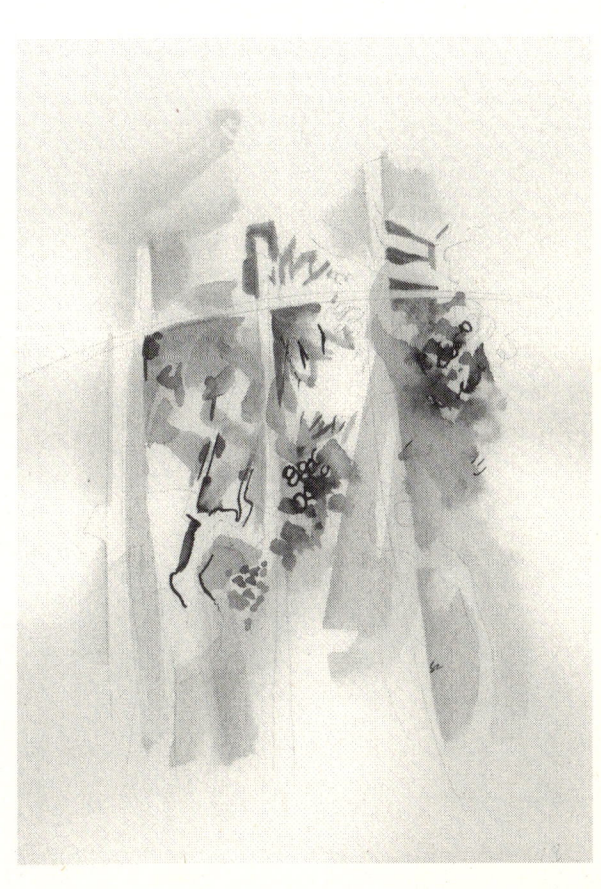

Herr,
so komm doch wieder!
Nenn die Zweifler, die Dich
kaum noch kennen,
beim Namen
und
zeig Deine Wundmale,
statt vom Himmel herab
zu schweigen ...

Geständnis

Herr,
wie groß bist Du
und
Deine Schöpfung!
In ihr kann ich Dich finden,
in Deine Augen sehen und
auch
Dich lieben, wie Du befohlen.
Aber,
wenn Wundersames mir geschieht,
vermag ich nicht, Dich zu umarmen,
weil
Du nicht aus Fleisch und Blut!

Tanzt mein Herz,
so tanzt es auch mit Dir, doch
ohne
Deinen Pulsschlag zu verspüren.

Dennoch –
in innig trauten Zweisamkeiten
bist auch
DU
inmitten ...

Verheißung

Den Hirten,
die nur selbst sich weiden,
entkommen,
verlassen
entknechtete Lämmer
das Tal
und ziehen bergwärts
zu den Hütten
ihrer Stämme,
wo Quellwasser
ihre Felle netzen,
die sie zu Markte trugen.

Unterwegs nun
zu den Stätten
ihres Brotes,
wo Mahl zu halten
sie verlangen
nach der Plage
knechthafter Zeit
und der Sorge
um die eigene Haut,
nimmt der Jubel wohl
kein Ende.

Tiefgang

Möwen am Fluss,
Niederwasser,
entblößte
Brückenpfeiler –
hüfttief
waten Fischer,
Angelruten stürzen
sich auf
gleißendes Nass,
es beißt nicht an –
als leichtgewichtiges
Spiegelbild
triftet es davon.

Nicht alles trägt
die Strömung fort.
Nicht jeder Kiesel
rundet sich
in trägen Wasserläufen.
Den Ufersteinen
bleibt das Moos,
dem weißen Vogel
der Fang.

Geborstenes Licht
läuft auf Grund,
eine Muschel
fängt es auf,
so findet es wieder
heil nach oben ...

Warnung

Wälder,
von Zapfen schwer,
verklagen
ihr eigenes Herz,
das sich
begraben ließ
vom Staub der Blüte
früherer Jahre,
betört
von falschen
Balzgesängen,
statt
zu mahnen
zur rechten Zeit.

Auferstehung ist
nicht angesagt!
Pech entstellt
die Wipfel,
kränkliches
Wurzelwerk
rädert sich
ins Erdreich.

Die Treibjagd
nach Grünem
ist ohne Gesetz,
man zapft
an fremden Hähnen.

Häher finden
noch reichlich Fraß,
aber die Störche
bleiben aus.

Sie klappern
schon lange nicht mehr –
es ist lange her,
dass man auf etwas
horcht und lauscht,
noch rauscht der Wald –
von Zapfen schwer ...

Blaublütig
das Vergissmeinnicht,
die Kornblume und der Enzian –
adeliges Gewächs auf
Wiese, Berg und Feld
unter einem
blitzblauen Himmel
in der Farbe des
GLAUBENS
an das knospende Grün der
HOFFNUNG
und ans glühende Rot der
LIEBE.

Rückzug

Herbeigesehnt
sein Kommen –
auch sein Gehen nun
und verwünscht,
was an Weißem noch
auf die Fluren fällt,
die er noch eisig
in Griff zu haben glaubt.

Warme Winde
stellen ihm nach,
Eisblumen spießen sich
am großen Zeiger
der Sonnenuhr –
ihre Blütezeit ist
längst schon um.

Der Schrei der Möwe
hört sich heiser an,
die Meisen sind am Wort,
setzen Rufezeichen und
lassen die Fröste welken.

Zeit,
sich auf den Weg zu machen,
Winter …

Aufgesang

Schält der Sonnenball
sich aus dem Gewölk,
vertropft der Regen,
versiegen Tränen –
ausgestanden die Sturzflut
von oben und innen,
reingewaschen der Himmel
in Unschuld nun,
was zuvor umflort,
trocknet ab, löst sich,
löst die Zungen der Lerchen,
sie spreizen ihr Gefieder
und heben sich empor –
über alle Bangnis hinweg ...

Frühlingsstimmen

Sonnenuhren stehen
unter Strom,
in Vogelkehlen gehen
Balzgesänge um –
der Lockruf
des Zaunkönigs
tönt weit über
sein Reich hinaus.
Wer ihn zu deuten vermag,
weiß, wann die Knospen
springen ...

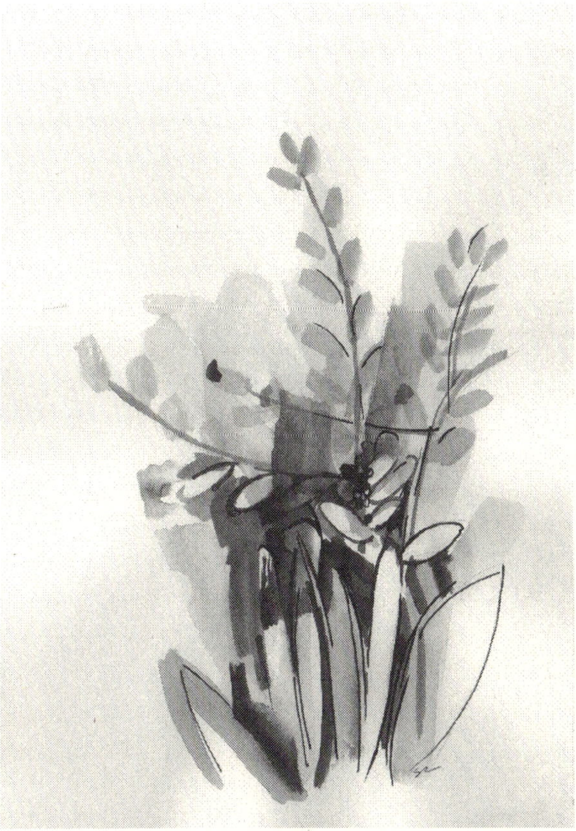

Wettersegen

Es ist Brotzeit,
wenn das Kornfeld reift
und der Mohn sich rötet
zwischen den Halmen
unter einem
kornblumenblauen Himmel,

der alles Gewölk fernhält,
dass die Scheunen sich füllen
für den großen Hunger.
Auch wenn kaum noch
Tischgebete die Runde machen ...

Ablöse

Die Sommerssonne
fällt ins Abendrot,
entflammt das Heidekraut,
bevor ihre Spuren
sich verlieren
im Unterholz.

Was bleiben soll
von ihrem Glanz,
muss noch garen,
sich runden
und messen lassen
am Farbton
der Fluren
und am Klang
der Becher,
wenn angestoßen
werden soll
auf ihr
sommerliches
Gastspiel.

Elegie

Der Sommer macht
sich auf den Weg,
es schwächelt schon
das Grün im Baum,
sein hitziges Gemüt,
hat er wohl längst im Zaum.

Zeitig wiegt nun
der Abend den Tag,
kaum noch vermag,
er den Blitz zu zünden.

Zurück aber lässt er
die zirpenden Grillen,
den Mohn im Kornfeld
und Nächte voll
Glut und Süße.

43

Sommersonnenwende

Grillengezirpe, Lindenduft,
Leuchtkäfer bitten
zum mitsommernächtlichen Reigen,
wenn der Sonnenball sich wendet
auf seiner Bahn
und seine Feuer tanzen
über Berg und Tal
und springen
über Stock und Stein,
ehe sie erlöschen,
bis wieder sie entflammen,
wenn ihre Zeit dafür
gekommen sein wird.

Herbstzeitloses

Wenn der Himmel
seine blütenblaue Weste trägt,
weben Sonnengesänge
goldene Gewänder,
in die der Tag sich hüllt.

Flur und Hain verfärben
die Handschrift des Sommers,
bis sie nur noch
zu erahnen ist.

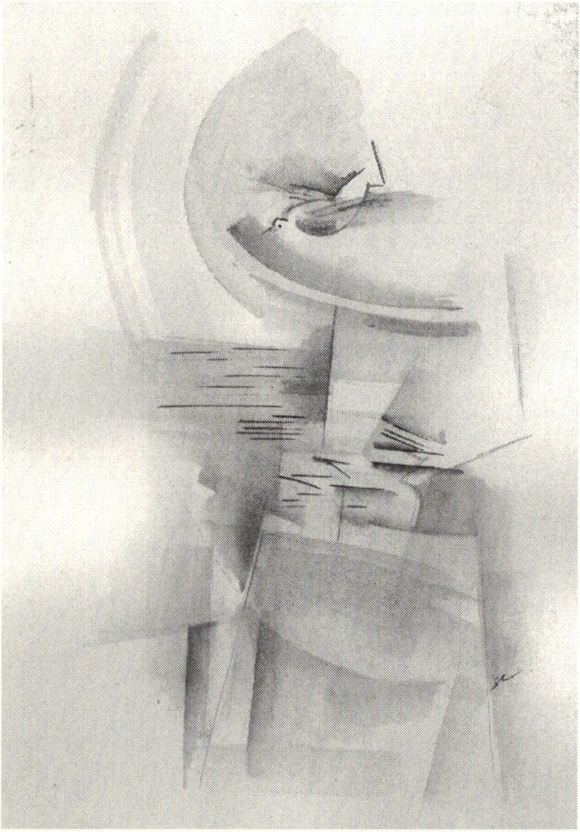

Laubfall

Dürres Gezweig,
goldenes Blattwerk
inmitten
und Spinnfäden –
es regnet Honigwein,
ehe es friert
und Nebelfrauen
um die Wege sind ...

Grau

Lautlos
köchelt die Nebelsuppe,
umnachtet Kirche, Haus und Hügel,
entfärbt die bunte Welt,
verschattet den Himmel.

Stillschweigend fallen
lichte Tagträume wieder
ins Gewicht und entblößen
das schwächelnde Gespinst.

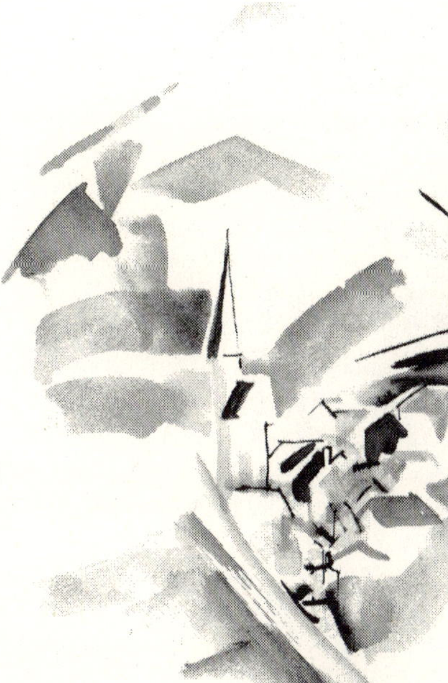

Das Licht geht zur Neige,
noch tanzen Mücken
im fahlen Sonnenschein,
Schatten werfen sich dazwischen,
löschen Bilder goldener Tage,
verlieren sich im Nebelgrau.
Es riecht nach Schnee –

Dem Erdreich stockt das Blut,
Frost frisst sich ins Wurzelwerk –
zitternd vor Kälte
fällt es in den Winterschlaf –
tröstende Träume
wiegen und wärmen es,
dass es zu Kräften kommt,
um wieder aufzublühen,
Jahr für Jahr ...

Fütterung

Raben raufen um Brot –
schwarz auf weiß
der Futterneid!

Ein Trauerspiel
in den Fängen des Winters.
Im verstummenden Krächzen
geht nächtens
der Hunger um.

Lichtscheu

In finsteren Wintertagen
lehnt die Himmelsleiter
nah am Firmament –
niemand steigt empor,
vielleicht aus Angst,
dass eine Sprosse bricht?

In dunklen Zeiten
sehnen viele sich nach Licht,
doch den Sternen zu nahe zu kommen
wollen sie dann auch wieder nicht ...

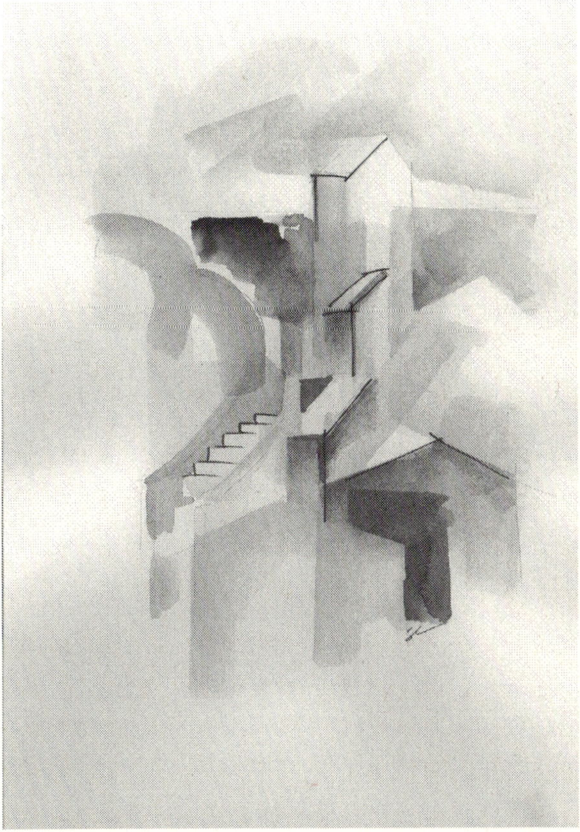

Zuwachs

Leer
von Blatt und Blüte,
dornige Altlasten schleppend –
das Rosengesträuch
in seinen Winterwehen –
Nebel weben schon
am Wiegenband der Knospen ...

Sternstunde

Kahl der Lindenbaum,
allein mit sich und
seinem Schweigen,
gespannt auch,
ob sich wohl
Sterne zeigen,
und versunken
in seinen Traum,
den Stern der Sterne
zu schultern
für eine Weile.

Doch ehe er
es sich versah,
war dieser auch
schon da und
hing in seiner Krone.

Vom Himmel herab
stahl er sich
in sein Geäst,
so hielt der Baum
ihn freudig fest,
dann wanderte er
weiter am Firmament
zu einem Ort, der
Bethlehem sich nennt ...

Tonträger

Es knistert
im Gebälk
der Glockenstuben
vor dem großen Atemholen
der Geläute,
bis sie sich aufschwingen
zu löschen
den schrillen Ton
der lauten Welt,
der zudröhnt den Advent,
statt in sich zu gehen
in der gnadenreichen Zeit.

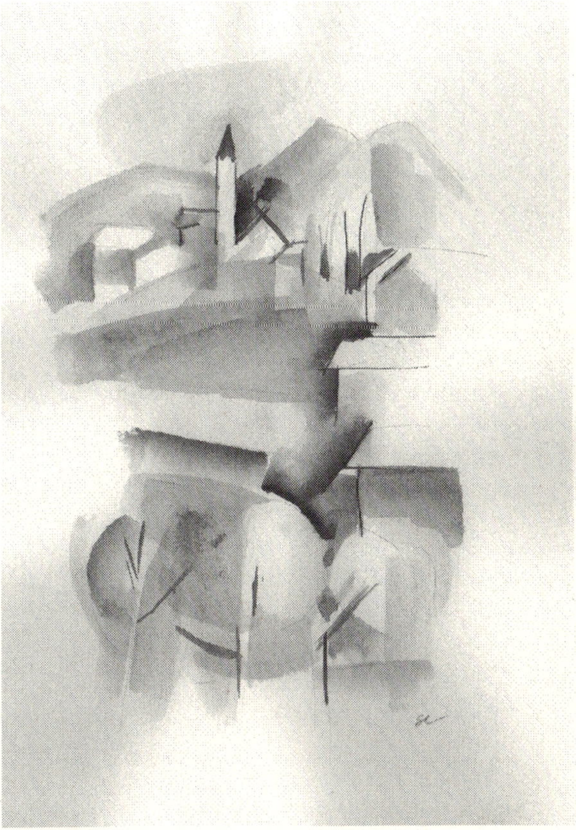

Funkenflug

Sterne funken
zur Winterszeit
Lichtbilder zur Erde
und zünden
Märchen an.

Da lenkt ein *Fuhrmann*
sein Gespann
zur Milchstraße hin,
wo Stroh zu Gold
gesponnen wird
und süßer Brei überkocht
am dunklen Firmament.

Wo ein Silberstrom
sich teilt,
steht das Kind
und hebt sein Hemd,
die Taler aufzufangen.
Es fürchtet nicht
den *Großen Bären*,
er ist verwunschen
wie der *Schwan*,
der sein Federkleid
zur Erde niederlässt,
das sie umhüllt.

Hinter dem *Siebengestirn*
hält Frau Holle

Geißlein versteckt,
dass der böse Wolf
sie nicht entdeckt.
In der *Mondwiege* schläft
Dornröschen ein.

Noch zeigt der *Himmelsjäger*
seine Gürtelsterne
und seinem *Hund* den Herrn,
bis ein *Löwe*
ihnen auf die Sprünge hilft
und sie heimleuchtet –
wie auch Hänsel und Gretel,
für die es Zeit wird,
nach Hause zu kommen
und aufzuwachen
von ihrem Hexentraum.

Anfrage

Wo ist Weihnachten nur geblieben,
wo hält es sich versteckt?

Es dunkelt wie in alten Tagen,
ans Fenster fällt der Schnee,
es wird gebettelt und gegeben
und gepflegt so mancher Brauch.

Doch wo ist Weihnachten geblieben,
das Wundersames weckt?

Nirgendwo die traute Stille,
kein seliges Entzücken –
der Christmond umnebelt,
die Liebe verraten,
entseelt die gnadenvolle Zeit.

Wo nur ist Weihnachten geblieben?
Wer hat es so verschreckt?

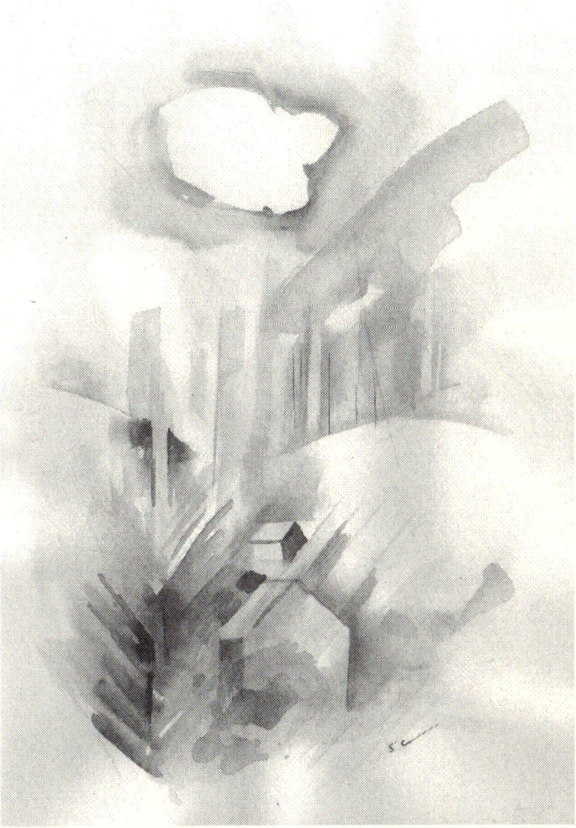

Lampenfieber

Glühbirnenhimmel –
Menschen unter Strom,
alle Jahre wieder
glüht auch der Wein,
vernebeln
Weihrauchwolken
den Stern der Verheißung –
ein Kurzschluss zuweilen,
und es käme ans Licht,
was, alle Jahre wieder,
grell und lautstark lahmgelegt,
diese Zeit zu geben hätte ...

Brauchtum

Glöckler laufen
sich die Füße wund,
tun ihre Botschaft kund –
Tage rund um das Fest,

auch wenn sie verstören,
denn – wer will noch hören,
dass Gott einmal
Mensch geworden ist.

Glöckler geben nicht auf –
ist umsonst ihr Lauf
gegen das Vergessen,
dass eine Nacht
den Menschen
das Heil gebracht?

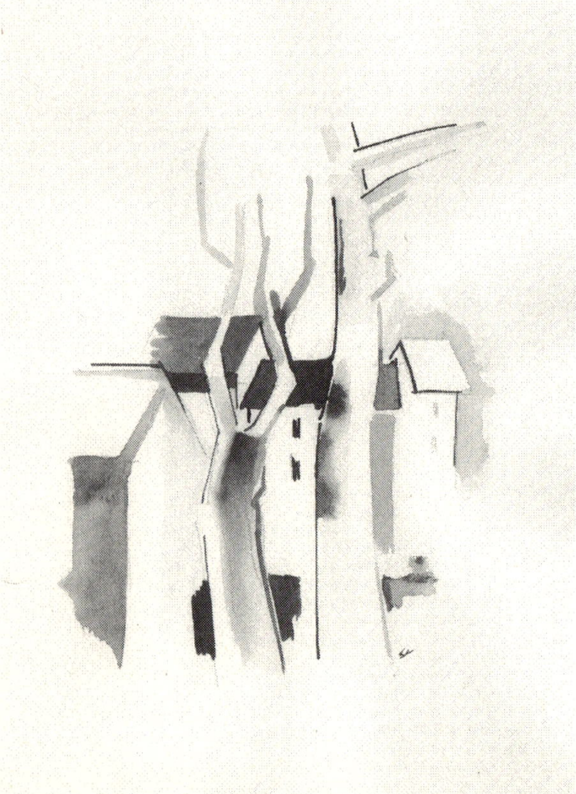

39

Mit einem Engelsflügel
werden auf Erden
wir geboren,
da wir für den Himmel
auserkoren,
doch leider haben viele
ihn schon längst verloren.

Vielleicht,
weil sie nicht ahnen,
dass, wenn zwei Menschen
sich umarmen,
sodann fürwahr,
mit einem Flügelpaar,
sie mitsammen
fliegen könnten ...

Machthabe

Wortgewaltige Waffengänge,
kriegerische Abgesänge,
Häme – sind oft so gnadenlos!

Sein Mütchen zu kühlen
mit Wortgefechten
in Sandkastenspielen,
führt zu nichts,
verläuft sich in
leerem Geplänkel,
verkommt zum Notfall,
wenn aus Spaß mitunter
bitterer Ernst zu werden droht …

41

Elend

Würdelos die Bettlerschalen
und die erbärmlichen Almosen,
die nicht zu sättigen vermögen
das hungernde Verlangen
nach helfenden Händen,
die Brücken bauen
und zu nehmen wüssten
die Bürde von Schultern
mühseliger Wegelagerer.

Südlichere Gefilde

Im
Duft von Myrthen,
Meer und Mimosen,
wogt die Brandung
ihre Wasser an
oleanderfarbene Küsten,
wo Triton seine Füße netzt,
ehe er in sein Horn stößt,
um aufzuwecken
die Zickadenscharen
in den Pinienhainen.

Nun wird es laut
unter der fidelen Sonne
am azurblauen Himmel,
die sich ins Leben und Treiben
von Land und Leuten lacht.

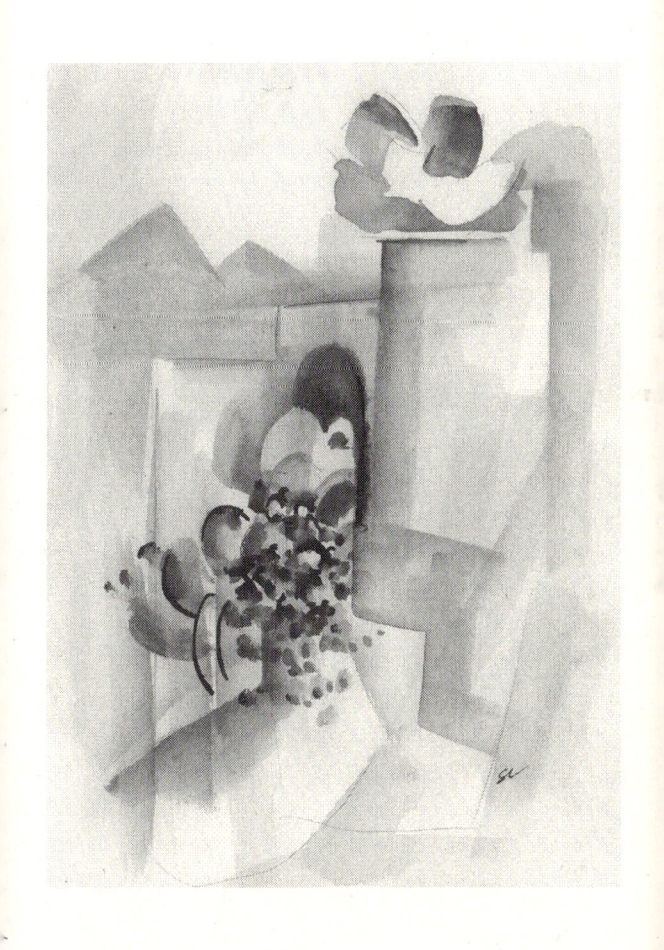

Zurückgeblieben

gehen, gehen,
nicht ankommen,
weitergehen,
aber da ist –
kein Weg mehr,
und ich bemerke
es nicht
und gehe weiter,
die Zeit läuft –
mir davon,
ich falle,
bleibe liegen –
die Zeit hat mir
ein Bein gestellt –
meine Uhren
gehen anders,
aber wer weiß das schon –

vielleicht aber würde
ein Mutsprung
mich wieder auf den Weg
nach vorne bringen –
wer aber schafft das schon ...

Ausgebootet

Meine Segel taugen nicht mehr,
ließ der Wind mich wissen,
er vermag sie kaum zu blähen,
zwecklos, sie zu hissen.

Bin ich nicht willens,
sie auszutauschen
oder zu rudern gar,
bliebe mir nur,
mich in Geduld zu fassen
und mich treiben zu lassen,
wohin auch immer
die Strömung mich trägt ...

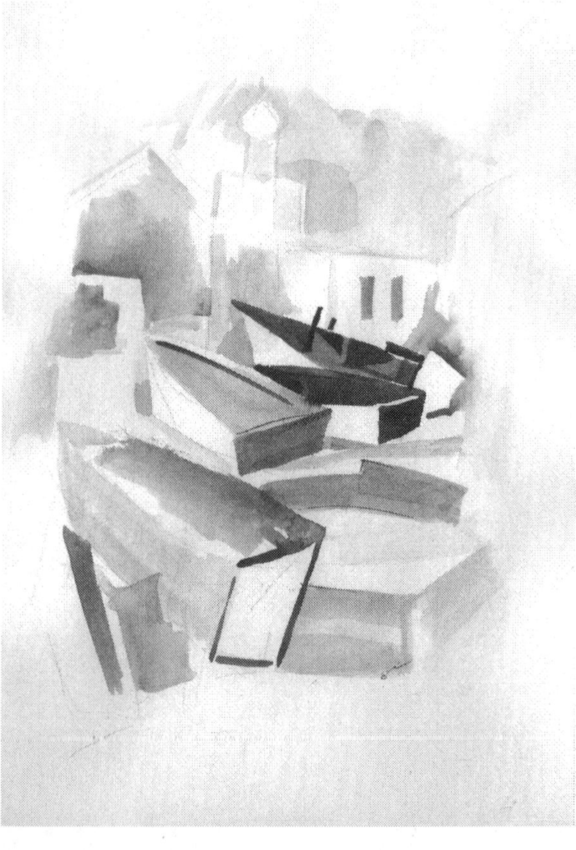

45

Hingabe

Sich fallen lassen
in den Bann der Balalaika,
in ihren Klängen sich verlieren,
sich nicht mehr finden wollen
in den Grautönen des Alltags,
außer mir wieder zurückgekehrt,
jedoch – mit anderen Saiten in mir ...

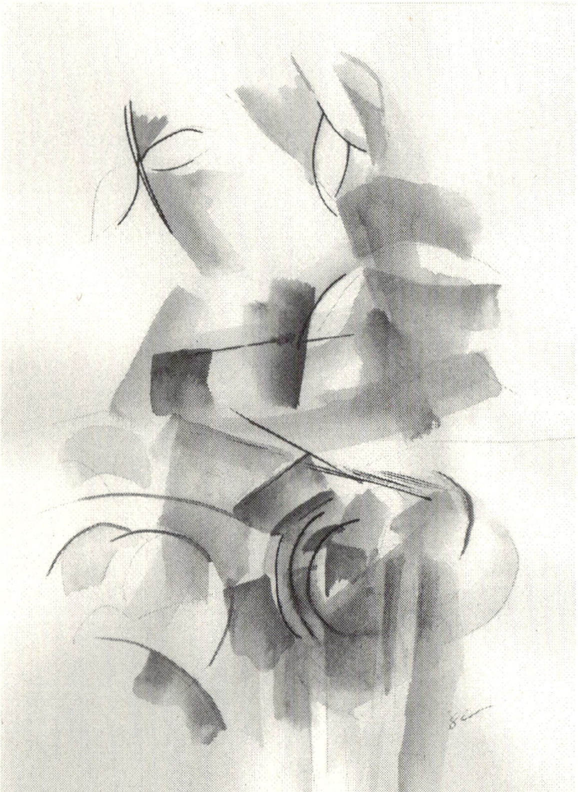

46

Hautnah mich
ans Lied der Nachtigall
zu schmiegen,
es in mein
Inneres zu wiegen,
dass meine Seele Laut gibt –
nicht mühselig und beladen
von irdischer Last,
sondern vogelfrei entflammt
sich aufschwingt
in blauende Fernen,
getragen von der Leichtigkeit
überirdischen Seins.

47

Dich auf den Mond
zu schießen und
dort weit fort
von mir zu wissen,
kommt mir zuweilen
in den Sinn,
wenn du mir
dunkle Stunden schlägst
und es nicht erträgst,
dass ich taub für
deinen Aufgesang,
wenn mir oft
so angst und bang
und ich blind
für deine pochende
Zuversicht.

Jedoch – herzlos
möchte ich nicht sein,
da nehme ich lieber
so manche Pein
wieder in Kauf
und bei
Regen und Sonnenschein
es mit dir doch wieder auf.

48

Spannungen

Unwetter in mir
sind kaum zu zähmen,
wenn sie grenzenlos
entarten.

Auf Wolken
zu entfliehen,
um Niederschlägen
zu entkommen,
bis wieder
Ruhe eingekehrt
in mir,
wäre eine
Überlegung wert.

Wie aber,
wenn man schreckhaft ist
und sich vor Blitz
und Donner ängstigt?

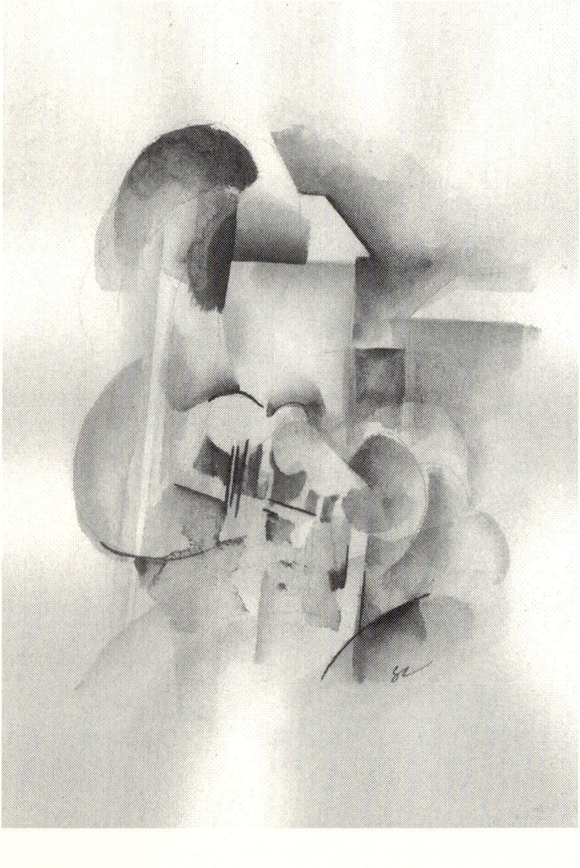

49

Morgens
himmle ich
die Venus an,
wenn sie aufgeht
über Bergeshöhen
in strahlender Helle.

Eine Freudenquelle,
bei Tagesanbruch
sie zu schauen –
meine Lebensgeister
sind geweckt!

Mit ihr zu bechern,
würde ich zu gern,
doch leider ist
sie nur ein Stern
und so weit weg.

Meine Himmelsternchen
jedoch blühen bei mir
nur gleich ums Eck ...

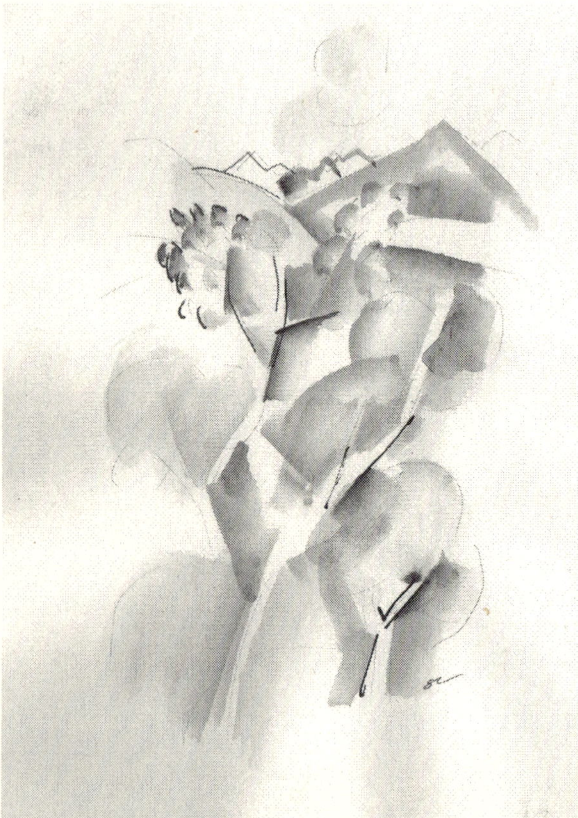

50

Ausgedinge

Preisgegeben plötzlich
ausgemusterten Gezeiten,
wühlt die Pflugschar nun
in meinen abgelebten Tagen,
stößt auf vieles,
was längst verschlissen
und zu entsorgen wäre –
und da ist auch
die Krönleinnatter,
die endlich ich
entkommen lassen sollte.

Aber sie fürchtet
die Klageweiber
mit ihren Scheuklappen,
die Mehltau verstreuen,
um blind werden zu lassen jene,
die auf ihr Bleiberecht pochen.

Ich tue das auch,
und ihre Scheuklappen
sind mir im Weg –
meine abzunehmen so,
wie man Ohrringe abnimmt,
nimmt mir aber niemand ab …

Zeiträume

Buchstäblich
hängen geblieben
an Worten,
die nun anders zu schreiben
und kaum noch auszusprechen sind,
setzt meiner Lesart zu.

So fallen viele Bilder
aus dem Rahmen
alter Wirklichkeiten –
noch färbt davon nichts
ab auf mich.

Jedoch
ihre Auslöschung
vor Augen,
lasse ich Zurufe,
meine Schriftzüge
zu überholen,
noch außer Acht ...

Fluchtwege

Eisbrecher hielten
mir die Fahrrinne frei.
Bald gab es kein Zurück –
hinter mir fror blitzschnell
sie dann wieder zu.

Wäre ich nur
eigenen Wegen gefolgt,
um frostigen Zeiten
zu entrinnen –
nun aber bauen
mächtige Schollen
sich auch vor mir auf,
und ich sitze fest –
Kälte um mich her,
und kein Tauwetter in Sicht ...

Vorwurf

Du hast mir
den Laufpass gegeben,
ich habe ihn
nicht verdient,
du hättest
noch zuwarten können,
dich abzuwenden von mir,
bis das Gewitter
sich verzieht
und einen Regenbogen
zurücklässt,
der ins rechte Licht
hätte rücken können,
was uns entzweit.

So aber
verblasst er,
und für mich
ist es zu spät,
dir nachzulaufen.

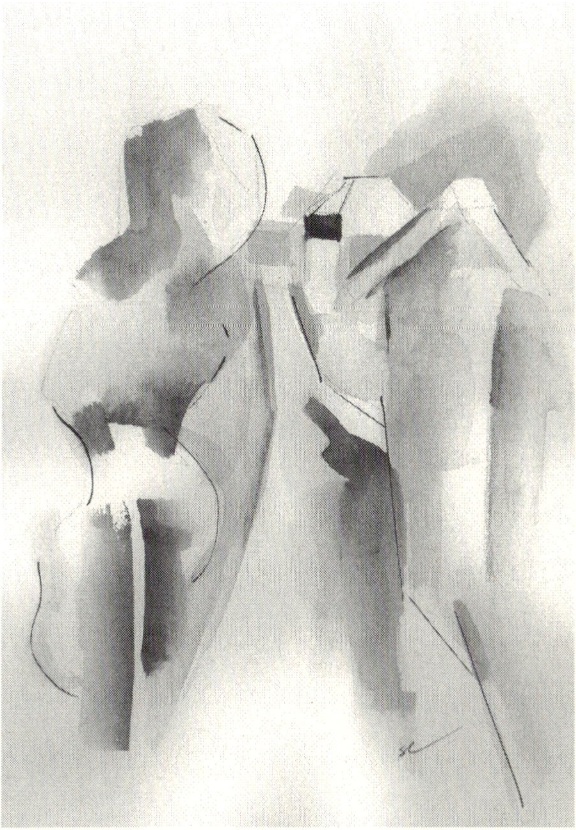

Zündfunken

Das
große Wasser
trennt
mich von dir,
teilt
dich nicht mit mir,
zerteilt
dich mir!

Das
große Wasser
lehrt
dich fliegen, fliegen
über mich,
die ich
tief unten heimwärts irre
und
Wasser schleppe Krug um Krug!

Das
große Wasser
verdirbt
uns jeden Funkenflug!

Herzeleid

Meine Seele ist
mir abhanden gekommen.
Ein bunter Falter
fing sie auf
und nahm sich
ihrer Schürfwunden an,
bis sie weiß,
damit umzugehen,
um wieder
zurückzufinden zu mir,
um mich zu erlösen
von meiner
lähmenden Leere.

Vogelfrei

Es hätte nicht sein müssen,
dass du ihm nachstellst –
er wäre auch so
in die Falle getappt!

Warum ist sie
nicht zugeschnappt?
Ein Erlenzeisig
lässt sich nicht fangen!

Nun aber singt er
nicht mehr wie früher –

ehe er dir doch
ins Netz gegangen,
lag er mir in den Ohren
und am Herzen dann.

Wehe dir,
du fängst wieder
etwas mit meinem
Erlenzeisig an!

Glück

In den Faltenwürfen
meiner Träume
kommt Freude auf,
wenn wieder darin
Schwalben nisten.

Bleiben sie fern,
sucht stets ein
Trauermantel mich heim
und wartet mit mir auch
sehnlichst auf das
Gezwitscher ...

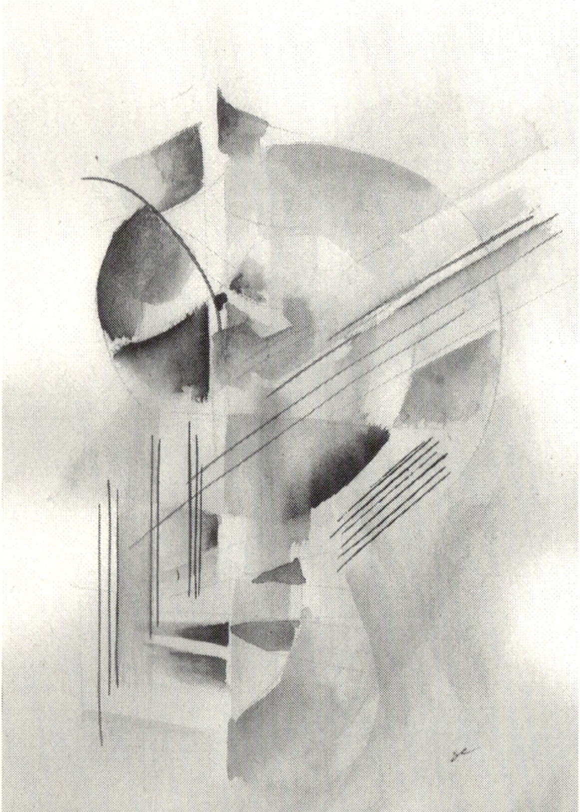

Granatapfelbaum

Erquickend der Traum
von einem Granatapfelbaum,
dessen Blüten mich beglücken
und sein Anblick mich entzückt –
es ist ein besonderer Baum.

So manche Wege führen zu ihm,
ich nehme stets nur den einen,
viele scharen sich um ihn,
die Botschaft
von seiner Frucht zu hören –
es ist ein weiser Baum.

Neigt er sein Gezweig mir zu,
umarmt sein Blattwerk mich
und kost behutsam meine Stirn –
es ist ein liebreicher Baum.

Zu träumen von diesem
besonderen, weisen
und liebreichen Baum,
lässt mich kaum noch los.
Weiß er davon?
Sein Paradiesvogel
vermutlich schon ...

Sehnsucht

Es ist in mir,
zündet mich an,
verleiht mir Flügel –
ich fliege los.

Brenne,
brenne durch
und weiß nicht,
wohin
mit mir
und dem
süßen Sehnen,
das unter
die Haut geht,
sich in alle
Seelenwinkel
stiehlt
und mich
vergehen lässt
vor Lust
und Leid ...

60

Wie
Samt
fühlt sich
deine Stimme an,
auch
dein Blick und
dein Haar –

davon berührt,
nimmt ein Zauber
mich gefangen,
der zutiefst
mein Inneres
bewegt
und
mein Herz
tanzen lässt
in
wundersamer
Glückseligkeit.

Späte Liebe

Sich
an welken Händen
fassen,
in
müde Arme
fallen
lassen
und
eintauchen
in
die Brunnen des Paradieses,
um wiederzukehren
mit Gesichtern
wie neu ...

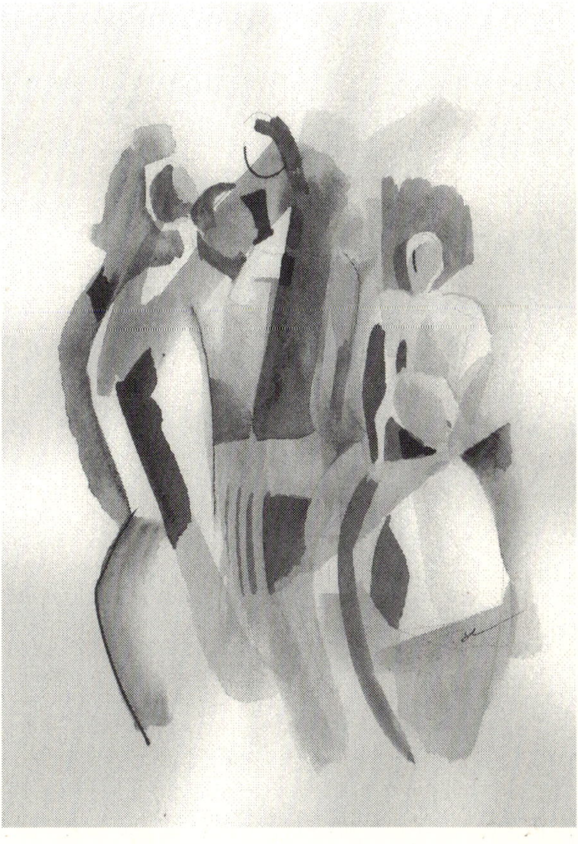

Warteschleifen

Aufwarten,
abwarten, erwarten, zuwarten,
warten
auf vieles,
eine Ankunft, Niederkunft, Zukunft,
einen Anfang, ein Ende –
lebenslänglich
lebenslänglich jedoch zuweilen
auch die unsägliche Freude,
e r wartet zu werden ...

Intervalle

Es tagt und dämmert
und
dämmert und tagt
am Saum der Nacht.

Und der Morgen
entgeht
nicht dem Abend,
der Abend nicht dem Morgen,
die Ebbe nicht der Flut,
das Glück nicht dem Leid,
die Zeit nicht der Ewigkeit ...

Herauszugehen

aus mir –
es wäre nur ein Schritt,
ein erster,
um weiterzugehen –
wozu aber und wohin?

Schiene die Sonne
heller dann als sonst?
Verlören Schatten
ihre Schrecken?
Vielleicht stünde
ich Kopf und
die Welt mit mir?

Hinausgestoßen
zu werden,
statt zögerlichen Schrittes
selbst zu gehen?
Ist es das, was ich möchte?
Oder in mir gefangen
zu bleiben,
fände sich kein Anstoß,
dieses Wagnis einzugehen ...

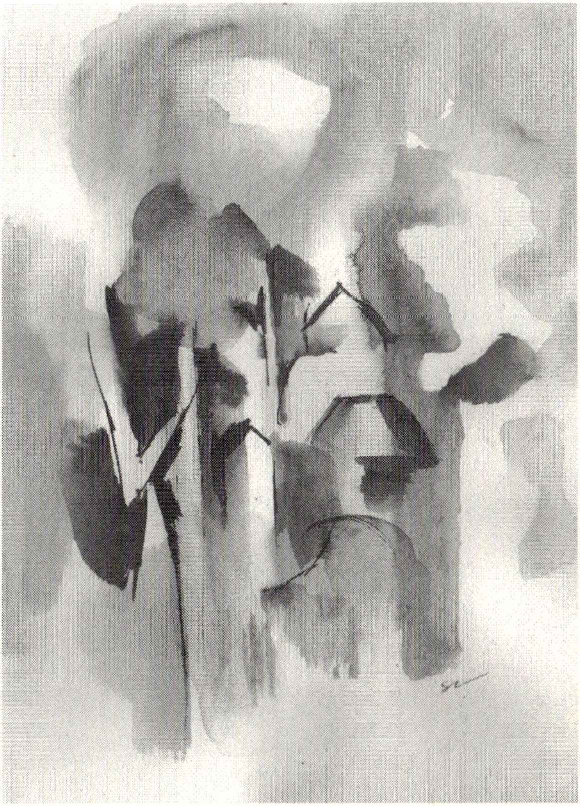

65

Hummeln
bummeln
brummelnd
vor sich hin
durch den
Blütendschungel.

Es riecht
nach Regen,
Wolken
ziehen auf,
ehe erste Tropfen
fallen,
ist noch Zeit,
ins Trockene
zu kommen.

Die dürstende Flur
erwartet schon
das Nass von oben –
und ein Regenbogen
seinen Auftritt.

Schnecken

Unter dichten Hecken
verstecken sich
kecke Schnecken,
nachts aber kriechen sie nackt
im Minutentakt
aus den Hecken
und lassen sich
junge Pflänzchen
genüsslich schmecken.

Nieder
mit den Schnecken,
hört man aus allen
Enden und Ecken,
sollen sie doch
im Bier verrecken!

Abstinente Schnecken
entdecken,
dass man betrunkene
Schnecken in Säcken
entsorgt –
doch kann das
antialkoholische Schnecken
denn wirklich erschrecken?
Sie lassen sich weiterhin
köstliche Blümchen schmecken.

So will mit Schneckengift
man bezwecken,
dass widerspenstige Schnecken
daran lecken.
Ein Ende mit Schrecken?
Nur todesmutige
strecken ihre Fühler
danach aus.

Weise Schnecken
beginnen abzuspecken.
Das wäre manchen Menschen
auch anzuraten,
die sich Weinbergschnecken
braten oder an
Schokoladeschnecken
herzhaft schlecken ...

Leerzeichen

vorbeireden
aneinander,
an taube Ohren
stoßen –
nach der Blindenschrift
tasten,
Schlüsselwörter suchen,
mit zittrigen Zungen
sie nicht aussprechen können ...

Unsagbares sagbar
werden zu lassen,
ließe aufhorchen,
würde Türen
öffnen und
Räume auftun,
voll
mit
schäumendem
Leben ...

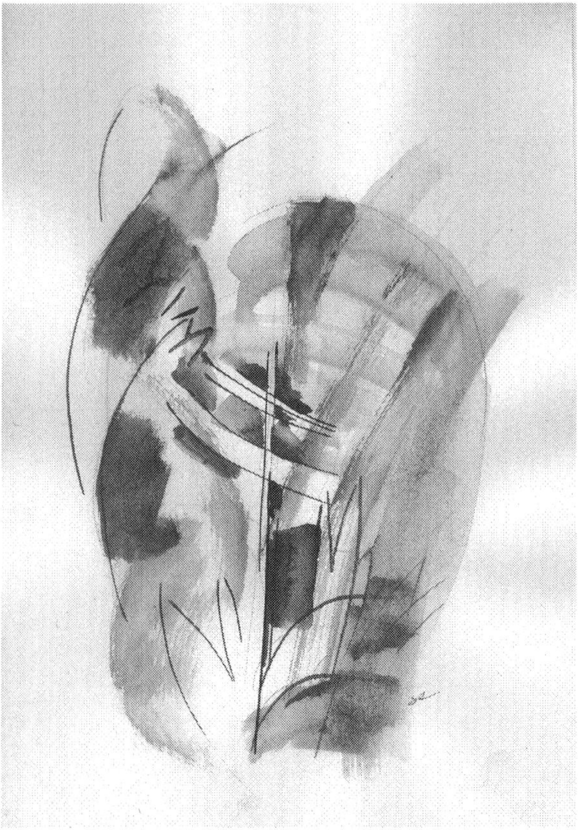

Inhaltsverzeichnis

1 Worte
2 Wir sind nur Menschen
3 Blauer Planet
4 Salisburgensis
5 Sperrstunde
6 Mondwechsel
7 Traumwelten
8 Schmutzarbeit
9 Tränenbäume
10 Die Sichel im Kirschenbaum
11 Herr, in meinem Himmel ...
12 Ehrfurcht
13 Deine Weinberge ...
14 Geständnis
15 Verheißung
16 Tiefgang
17 Warnung
18 Blaublütig

19 Rückzug
20 Aufgesang
21 Frühlingsstimmen
22 Wettersegen
23 Ablöse
24 Elegie
25 Sommersonnenwende
26 Herbstzeitloses
27 Laubfall
28 Grau
29 Das Licht geht zur Neige
30 Fütterung
31 Lichtscheu
32 Zuwachs
33 Sternstunde
34 Tonträger

35 Funkenflug
36 Anfrage
37 Lampenfieber
38 Brauchtum

39 Mit einem Engelsflügel ...
40 Machthabe
41 Elend
42 Südlichere Gefilde
43 Zurückgeblieben
44 Ausgebootet
45 Hingabe
46 Hautnah mich ...
47 Dich auf den Mond ...
48 Spannungen
49 Morgens himmle ich ...
50 Ausgedinge
51 Zeiträume
52 Fluchtwege
53 Vorwurf
54 Zündfunken
55 Herzeleid
56 Vogelfrei
57 Glück
58 Granatapfelbaum
59 Sehnsucht
60 Wie Samt ...
61 Späte Liebe
62 Warteschleifen
63 Intervalle
64 Herauszugehen
65 Hummeln
66 Schnecken
67 Leerzeichen
Nachwort

Nachwort

Mit *Karfunkelflug* legt Inge Glaser, in Salzburg lebende Autorin zahlreicher Lyrikbände, Erzählungen und zweier umfangreicher Romane, ihren neuesten Gedichtband vor. Die Autorin ordnet ihre Gedichte in drei Themenkreise, die jedoch keine starren Grenzen bilden.

Gedichte zu Traum, Mond, Natur, Baum und Bergen bilden einen davon, der aber auch Kritik am Umgang der Menschen miteinander (z.B. „Schmutzarbeit") und mit der Natur (Waldsterben) enthält. Dazu fügen sich Anrufungen Gottes, zu den Verirrungen der Menschen nicht zu schweigen; auch betont die Autorin die Notwendigkeit der Ehrfurcht vor der Schöpfung.

In einem weiteren versammelt Inge Glaser rund zwanzig Gedichte unter dem Thema „Jahreszeiten". Hier feiert sie das Aufblühen der Natur, das Reifen im Sommer und beklagt das allmähliche Erstarren im Winter, nicht ohne auf die Hoffnung auf neues Leben in Weihnachts- und Frühlingsgedichten zu verweisen.

Eingehend befasst sich die Autorin mit Fragen des menschlichen Seins. Diese Gedichte behandeln große Themen wie Liebe, Glück, Sehnsucht und Erwartung, sprechen aber auch von Resignation, Machtspielen und gefährdeten Beziehungen oder richten kritische Fragen an die eigene Person. Gekonnt verwendet die Autorin Wettermetaphern für die Darstellung zwischenmenschlichen Verhaltens.

Wie schon in früheren Gedichtbänden hat Inge Glaser keine Scheu vor der Verwendung der Alltagssprache, um Gedanken auf den Punkt zu bringen. Gedichte in hoher sprachlicher Konzentration und mit schönen und überraschenden Sprachbildern bilden dazu gleichsam ein

Gegengewicht und sind Beispiele für das lyrische Vermögen der Autorin.

Eine Reihe von Gedichten enthält ironische Brechungen und belegt den Humor der Autorin.

Inge Glasers Lyrik zeigt sich erneut in einer erstaunlichen poetischen Vielfalt (Alliterationen, Reime, freie Rhythmen), die mit einer großen thematischen Breite korrespondiert.

Von Inge Glaser im Praesens Verlag erschienen:

Till und der Baron. Roman
2022. ISBN 978-3-7069-1145-0, 268 S., brosch.

Kamingeschichten
2019, ISBN 978-3-7069-1050-7, 163 S., brosch.

Synkopen. Haiku und Senryu
2018, ISBN 978-3-7069-0964-8, 101 S., brosch.

Trutzgebete. Gedichte
2016, ISBN 978-3-7069-0885-6, 116 Seiten, brosch.

Petergstamm. Roman
2015, ISBN 978-3-7069-0817-7, 275 S., brosch.

Findlinge. Prosa
2012, ISBN 978-3-7069-0720-0, 248 S., engl. Broschur

Schelmenreime. Limericks
2012, ISBN 978-3-7069-0696-8, 139 S., engl. Broschur

Literarische Etüden
2010, ISBN 978-3-7069-0647-0, ca. 92 S., brosch.

Nachspielzeit. Autobiografisches
2009, ISBN 978-3-7069-0572-5, 160 S., engl. Broschur

Windlichter. Gedichte
2009, ISBN 978-3-7069-0558-9, 69 S., geb.